BEI GRIN MACHT SICH IHR WISSEN BEZAHLT

- Wir veröffentlichen Ihre Hausarbeit,
  Bachelor- und Masterarbeit

- Ihr eigenes eBook und Buch -
  weltweit in allen wichtigen Shops

- Verdienen Sie an jedem Verkauf

Jetzt bei www.GRIN.com hochladen und kostenlos publizieren

Florian Kamin

Exemplarische Produktentwicklung nach VDI 2221: Konstruktion einer Flaschenöffnungsmaschine

GRIN Verlag

Bibliografische Information der Deutschen Nationalbibliothek:

Die Deutsche Bibliothek verzeichnet diese Publikation in der Deutschen National-
bibliografie; detaillierte bibliografische Daten sind im Internet über http://dnb.d-
nb.de/ abrufbar.

Impressum:

Copyright © 2009 GRIN Verlag GmbH
Druck und Bindung: Books on Demand GmbH, Norderstedt Germany
ISBN: 978-3-656-94598-7

Dieses Buch bei GRIN:

http://www.grin.com/de/e-book/296237/exemplarische-produktentwicklung-nach-
vdi-2221-konstruktion-einer-flaschenoeffnungsmaschine

Exemplarische Produktentwicklung. Beispielhafte Produktentwicklung nach VDI 2221

Die vorliegende Arbeit beschreibt exemplarisch die Schritte zur Produktentwicklung nach VDI 2221. Es gilt eine Flaschenöffnungsmaschine zu entwickeln, welche die Kronkorken automatisiert von den Getränkegebinden entfernt. Die Aufgabestellung soll dazu dienen die erlernten Methoden, im Modul Konstruktionssystematik, zu vertiefen und selbige rational anzuwenden.

Inhaltsverzeichnis

1 Aufgabenstellung

Im Verlauf des Moduls Konstruktionssystematik, im Sommersemester 2010, der Fachhochschule Südwestfalen Standort Soest, ist folgende Aufgabenstellung zu bearbeiten.

Es gilt eine Maschine zu planen, zu entwerfen und zu konstruieren, welche das automatisierte Öffnen von Getränkeflaschen unterschiedlicher Formate ausführt. Bei den Gebinden handelt es sich um so genannte Rahmenkästen, welche in unterschiedlichsten Formaten bereitgestellt werden. Die Verschlüsse der Flaschen differenzieren sich in Kronkorken und Schraubverschlüsse. Die Getränkekiste wird vom Bediener bereitgestellt und soll automatisch geöffnet, sowie die entfernten Deckel entsorgt werden. Anschließend ist die geöffnete Getränkekiste in Griffhöhe bereit zu stellen.

Weiterhin ist gefordert, dass die Maschine eine Kiste pro Minute bearbeitet. Zusätzlich sollen sich in der Ausgabestation zu jedem Zeitpunkt zwei geöffnete Kisten befinden.

Aus dieser Beschreibung ergibt sich die im folgenden Abschnitt aufgeführte Anforderungsliste. Aus dieser Anforderungsliste resultieren die geforderten Funktionen der Maschine.

2 Anforderungsliste

Festanforderungen:

- Material: V2A
- Kronkorken nach DIN öffnen
- Schraubverschlüsse nach DIN öffnen
- Flaschenkopf (Eng Hals, Weit Hals) nach DIN
- Verschiedenen Kistenformate
- Kisten geöffnet in Griffhöhe bereitstellen
- Selbstständige Verschlusserkennung
- Deckel unsortiert auffangen

Minimal, Maximalanforderungen:

- Minimale Prozessdauer: 1 Kiste pro Minute öffnen
- Minimale Anzahl von bereitstehenden Kisten: 1 Kiste

Wünsche:

- Funktion entsprechend der UVV
- Optisch ansprechendes Design
- Leicht zu reinigen: Maximale Reinigungszeit 15 min

Die Maschinenplanung ist gemäß diesen Anforderungen durchzuführen, respektive zu gestalten. Die Anforderungen wurden in der Veranstaltung Konstruktionssystematik am 14.04.2010, in Kooperation mit Herrn Prof. Dr. Ing. Spörer.

3 Funktionsliste

In den nachfolgenden Schritten wird die Hauptfunktion festgelegt, sowie die Teilfunktionen, welche zum Erreichen der Hauptfunktion benötigt werden bestimmt. Eine Wertung erfolgt im dritten Abschnitt dieser Projektmappe.

3.1 Hauptfunktion

Öffnen von Weit Hals und Eng Hals Getränkeflaschen nach DIN, welche mit Kronkorken oder Schraubverschlüssen verschlossen sind. Die Flaschen befinden sich in verschieden formatigen Rahmenkisten.

3.2 Teilfunktionen

1. Teilfunktion: Kiste bereitstellen
2. Teilfunktion: Kistenformat und Verschlussart, sowie Flaschenposition erkennen
3. Teilfunktion: Flasche öffnen
4. Teilfunktion: Deckel entsorgen
5. Teilfunktion: Kiste in Griffhöhe bereitstellen

Projekt Flaschenöffner

3.3 Lösungsmatrix der Teilfunktionen (Morphologischer Kasten)

Teilfunktionen	Lösung 1	Lösung 2	Lösung 3	Lösung 4
Kiste bereitstellen				
Verschluss erkennen				
Flaschen öffnen				
Verschluss entsorgen				
Kiste in Griffhöhe ausgeben				

Tabelle 1 - morphologischer Kasten
eigene Darstellung

4 Ermittlung von Bewertungskriterien

In diesem Abschnitt wird eine Bewertung der Teillösungen aus dem morphologischen Kasten durchgeführt. Diese Bewertung orientiert sich zum einem an den Auswahlkriterien laut VDI 2220 ff., für die objektive Teillösungsbewertung und zum anderen an einer Bewertungsmatrix. Diese Bewertungsmatrix resultiert aus Bewertungskriterien, welche anhand eines Brainstormings, im Verlauf der Veranstaltung Konstruktionssystematik, vom 28.04.2010, ermittelt wurden. Diese Bewertungskriterien werden mit Hilfe eines Binärvergleichs bewertet und relativiert. Es ergaben sich aus dem oben genannten Brainstorming elf Systematisierungskriterien welche im Abschnitt 4.1 erläutert werden.

4.1 Systematisierungskriterien

Wie im Abschnitt 4 beschrieben (Ermittlung von Bewertungskriterien) kristallisieren sich folgende Bewertungskriterien heraus:

- Wartungsfreundlichkeit: K1
- Zuverlässigkeit: K2
- Ressourcen-, Energieorientiert: K3
- Hygiene, Reinigung: K4
- Kostenoptimal: K5
- Geschwindigkeitsoptimal: K6
- Bedienerfreundlichkeit: K7
- Optisch ansprechend: K8
- Flexibel: K9
- Betriebssicher laut UVV: K10
- Baugröße und Aufstellfläche: K11

Diese Systematisierungskriterien werden anschließend in einer Auswahlmatrix durch einen binären Vergleich verglichen und mit einem Zahlenwert relativiert.

5 Gewichtung von Bewertungskriterien (binärer Vergleich)

Die Systematisierungskriterien aus Abschnitt 4.1 (Systematisierungskriterien), welche sich durch das Brainstorming ermittelt haben, werden nun in einer Auswahlmatrix binär verglichen und mit einem Zahlenwert relativiert. Dieses Vorgehen ermöglicht einen relativen Vergleich der Lösungen der Teilfunktionen mit den Bewertungskriterien.

	K1	K2	K3	K4	K5	K6	K7	K8	K9	K10	K11	∑ P	∑ P/∑∑ P
K1	x	1	1	0	1	1	1	0,5	1	1	0,5	8	0,108
K2	0,5	x	0,5	0,5	0,5	0,5	0	0,5	0,5	1	0,5	5	0,068
K3	0,5	1	x	0	1	1	0,5	0,5	1	1	0,5	7	0,095
K4	0	1	0	x	0,5	1	0	0,5	0	1	0,5	4,5	0,061
K5	0,5	1	0,5	1	x	0	0,5	0,5	0,5	1	0,5	6	0,081
K6	0,5	1	0,5	0,5	0	x	0,5	0,5	1	1	0,5	6	0,081
K7	0,5	0	1	0	1	1	x	0,5	1	1	0,5	6,5	0,088
K8	1	1	1	1	1	1	1	x	1	1	1	10	0,136
K9	0,5	1	0,5	0	1	0,5	0,5	0,5	x	1	0,5	6	0,081
K10	0,5	0,5	0,5	0,5	0,5	0,5	0,5	0,5	0,5	x	0,5	5	0,068
K11	1	1	1	1	1	1	1	0,5	1	1	x	9,5	0,129
							∑∑P			73,5			

Tabelle 2 - binärer Vergleich
eigene Darstellung

6 Ermittlung von Lösungen

Im folgenden Abschnitt werden die Teillösungen mit Hilfe des morphologischen Kastens ermittelt und im Folgenden bewertet. Für die entsprechende Aufgabenstellung wurden folgende Lösungen ermittelt.

Teilfunktionen	Lösung 1	Lösung 2	Lösung 3	Lösung 4
Kiste bereitstellen				
Verschluss erkennen				
Flaschen öffnen				
Verschluss entsorgen				
Kiste in Griffhöhe ausgeben				

eigene Darstellung

7 Beurteilung und Auswahl von Teillösungen

Die Bewertungsmatrix stellt einen objektiven Vergleich der Lösungsvarianten der Teilfunktionen dar. Dieses Teilfunktionen, bzw. Teillösungsvarianten resultieren aus dem morphologischen Kasten, der in der Tabelle 1 dargestellt wurde.

7.1 subjektive Lösungsbewertung

Teilfunktionen	Lösung 1	Lösung 2	Lösung 3	Lösung 4
Kiste bereitstellen				
Verschluss erkennen				
Flaschen öffnen				
Verschluss entsorgen				
Kiste in Griffhöhe ausgeben				

Bewertungszahl:	Farbe:
0	
1	
2	
3	

Tabelle 3 - subjektiv bewerteter morphologischer Kasten
eigene Darstellungen

Projekt Flaschenöffner

Die Bewertung gliedert sich in folgende Zahlenwerte von 0 bis 4, wobei die Null die schlechteste Lösung darstellt. Aufgrund der Tatsache, dass in diesem Fall lediglich 4 Lösungen angeboten werden, reduziert sich die Zahlenwerte auf vier Elemente von 0 bis 3

7.2 subjektive Lösungsbewertung anhand der Wartungsfreundlichkeit

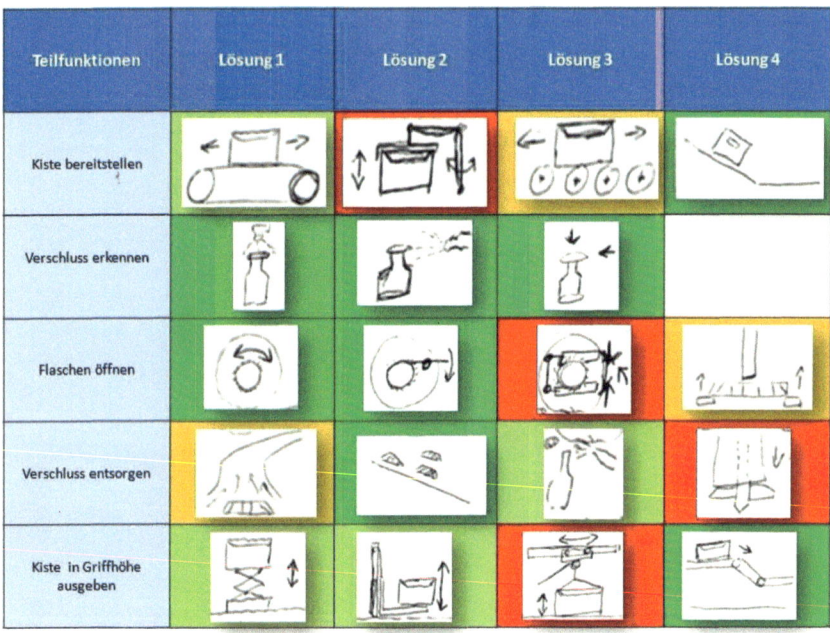

Tabelle 4 - bewerteter morphologischer Kasten anhand der Wartungsfreundlichkeit
eigene Darstellung

7.3 subjektive Lösungsbewertung anhand der Zuverlässigkeit

Teilfunktionen	Lösung 1	Lösung 2	Lösung 3	Lösung 4
Kiste bereitstellen				
Verschluss erkennen				
Flaschen öffnen				
Verschluss entsorgen				
Kiste in Griffhöhe ausgeben				

Tabelle 5 - bewerteter morphologischer Kasten anhand der Zuverlässigkeit
eigene Darstellung

7.4 subjektive Lösungsbewertung anhand der Ressourcen/ Energieorientierung

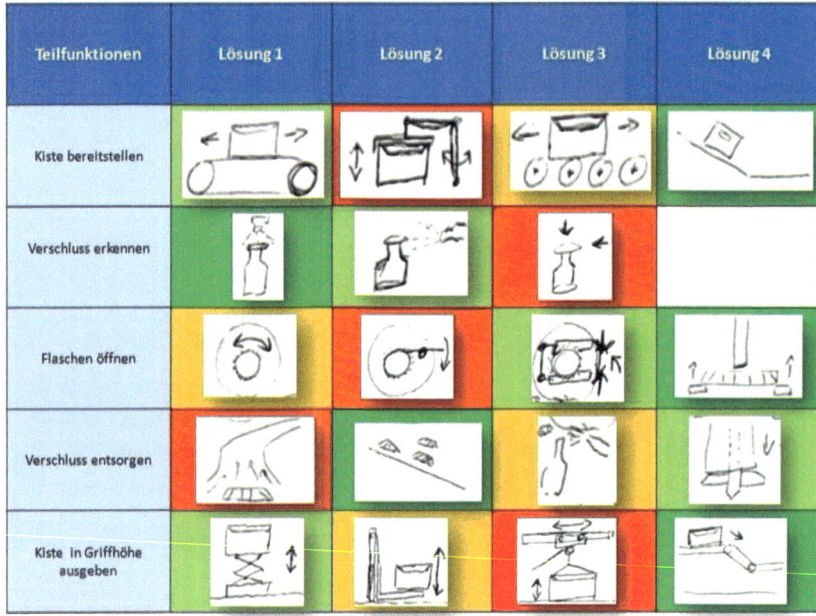

Tabelle 6 - bewerteter morphologischer Kasten anhand der Ressourcen/Energieorientierung
eigene Darstellung

Projekt Flaschenöffner

7.5 subjektive Lösungsbewertung anhand der Hygiene/Reinigungskriterien

Teilfunktionen	Lösung 1	Lösung 2	Lösung 3	Lösung 4
Kiste bereitstellen				
Verschluss erkennen				
Flaschen öffnen				
Verschluss entsorgen				
Kiste in Griffhöhe ausgeben				

Tabelle 7- bewerteter morphologischer Kasten anhand der Hygiene/Reinigungskriterien
eigene Darstellung

Projekt Flaschenöffner

7.6 subjektive Lösungsbewertung anhand der Kosten

Tabelle 8 - bewerteter morphologischer Kasten anhand der Kosten
eigene Darstellung

7.7 subjektive Lösungsbewertung anhand der Geschwindigkeit

Teilfunktionen	Lösung 1	Lösung 2	Lösung 3	Lösung 4
Kiste bereitstellen				
Verschluss erkennen				
Flaschen öffnen				
Verschluss entsorgen				
Kiste in Griffhöhe ausgeben				

Tabelle 9- bewerteter morphologischer Kasten anhand der Geschwindigkeit
eigene Darstellung

7.8 subjektive Lösungsbewertung anhand der Bedienerfreundlichkeit

Teilfunktionen	Lösung 1	Lösung 2	Lösung 3	Lösung 4
Kiste bereitstellen				
Verschluss erkennen				
Flaschen öffnen				
Verschluss entsorgen				
Kiste in Griffhöhe ausgeben				

Tabelle 10- bewerteter morphologischer Kasten anhand der Bedienerfreundlichkeit
eigene Darstellung

7.9 subjektive Lösungsbewertung anhand der Optik

Teilfunktionen	Lösung 1	Lösung 2	Lösung 3	Lösung 4
Kiste bereitstellen				
Verschluss erkennen				
Flaschen öffnen				
Verschluss entsorgen				
Kiste in Griffhöhe ausgeben				

Tabelle 11- bewerteter morphologischer Kasten anhand der Optik
eigene Darstellung

7.10 subjektive Lösungsbewertung anhand der Flexibilität

Teilfunktionen	Lösung 1	Lösung 2	Lösung 3	Lösung 4
Kiste bereitstellen				
Verschluss erkennen				
Flaschen öffnen				
Verschluss entsorgen				
Kiste in Griffhöhe ausgeben				

Tabelle 12- bewerteter morphologischer Kasten anhand der Flexibilität
eigene Darstellung

7.11 subjektive Lösungsbewertung anhand der Betriebssicherheit

Teilfunktionen	Lösung 1	Lösung 2	Lösung 3	Lösung 4
Kiste bereitstellen				
Verschluss erkennen				
Flaschen öffnen				
Verschluss entsorgen				
Kiste in Griffhöhe ausgeben				

Tabelle 13- bewerteter morphologischer Kasten anhand der Betriebssicherheit
eigene Darstellung

7.12 subjektive Lösungsbewertung anhand der Größe

Teilfunktionen	Lösung 1	Lösung 2	Lösung 3	Lösung 4
Kiste bereitstellen				
Verschluss erkennen				
Flaschen öffnen				
Verschluss entsorgen				
Kiste in Griffhöhe ausgeben				

Tabelle 14- bewerteter morphologischer Kasten anhand der Größe
eigene Darstellung

Projekt Flaschenöffner

8 Wertungsmatrix

Da nun die einzelnen Teilfunktionen des morphologischen Kastens nach den Bewertungskriterien bewertet sind, wird anschließend eine Wertungsmatrix aufgestellt. Diese Wertungsmatrix komuliert die Einzelbewertungen mit dem Rang der Bewertungskriterien zu einem fixierten Wert. Dieser Wert gibt nun Aufschluss über die vermeintlich optimale Lösung.

Die Wertungsmatrix analysiert die Teillösungen der Teilfunktionen separat und lässt daher eine Vergleichbarkeit zu.

8.1 Wertungsmatrix für Teilfunktion Kiste Bereitstellen

Kriterium:	Gewichtung:	Lösung 1 Punkte:	Gewichtung x Pkt.
K1	0,108	2	0,216
K2	0,068	2	0,136
K3	0,095	2	0,19
K4	0,061	1	0,061
K5	0,081	1	0,081
K6	0,081	3	0,243
K7	0,088	3	0,264
K8	0,136	3	0,408
K9	0,081	3	0,243
K10	0,068	2	0,136
K11	0,129	3	0,387
		Σ:	2,365
		Wertigkeit Σ/ Σideal:	0,791499331

(Kiste bereitstellen)

Tabelle 15 - Wertungsmatrix Kiste bereitstellen Lösung 1
eigene Darstellung

22

Projekt Flaschenöffner

	Kriterium:	Gewichtung:	Lösung 2 Punkte:	Gewichtung x Pkt.
	K1	0,108	0	0
	K2	0,068	0	0
	K3	0,095	0	0
Kiste bereitstellen	K4	0,061	0	0
	K5	0,081	0	0
	K6	0,081	0	0
	K7	0,088	0	0
	K8	0,136	1	0,136
	K9	0,081	1	0,081
	K10	0,068	1	0,068
	K11	0,129	0	0
			Σ:	0,285
			Wertigkeit Σ/ Σideal:	0,095381526

Tabelle 16- Wertungsmatrix Kiste bereitstellen Lösung 2

Projekt Flaschenöffner

	Kriterium:	Gewichtung:	Lösung 3	
			Punkte:	Gewichtung x Pkt.
Kiste bereitstellen	K1	0,108	1	0,108
	K2	0,068	1	0,068
	K3	0,095	1	0,095
	K4	0,061	2	0,122
	K5	0,081	2	0,162
	K6	0,081	2	0,162
	K7	0,088	2	0,176
	K8	0,136	2	0,272
	K9	0,081	2	0,162
	K10	0,068	2	0,136
	K11	0,129	2	0,258
			Σ:	1,721
			Wertigkeit Σ/ Σideal:	0,575970549

Tabelle 17- Wertungsmatrix Kiste bereitstellen Lösung 3
eigene Darstellung

Projekt Flaschenöffner

	Kriterium:	Gewichtung:	Lösung 4		
			Punkte:	Gewichtung x Pkt.
Kiste bereitstellen	K1	0,108	3	0,324
	K2	0,068	3	0,204
	K3	0,095	3	0,285
	K4	0,061	3	0,183
	K5	0,081	3	0,243
	K6	0,081	1	0,081
	K7	0,088	1	0,088
	K8	0,136	0	0
	K9	0,081	1	0,081
	K10	0,068	3	0,204
	K11	0,129	1	0,129
			Σ:	1,822
			Wertigkeit Σ/ Σideal:	0,609772423

Tabelle 18- Wertungsmatrix Kiste bereitstellen Lösung 4
eigene Darstellung

8.2 Wertungsmatrix für Teilfunktion Flasche erkennen

	Kriterium:	Gewichtung:	Punkte:	Gewichtung x Pkt.
			Lösung 1	
Flaschen erkennen	K1	0,108	3	0,324
	K2	0,068	3	0,204
	K3	0,095	3	0,285
	K4	0,061	3	0,183
	K5	0,081	1	0,081
	K6	0,081	3	0,243
	K7	0,088	3	0,264
	K8	0,136	3	0,408
	K9	0,081	3	0,243
	K10	0,068	3	0,204
	K11	0,129	3	0,387
			Σ:	2,826
			Wertigkeit Σ/ Σideal:	0,945783133

Tabelle 19- Wertungsmatrix Flasche erkennen Lösung 1
eigene Darstellung

	Kriterium:	Gewichtung:	Lösung 2	
			Punkte:	Gewichtung x Pkt.
Flaschen erkennen	K1	0,108	3	0,324
	K2	0,068	2	0,136
	K3	0,095	2	0,19
	K4	0,061	3	0,183
	K5	0,081	2	0,162
	K6	0,081	2	0,162
	K7	0,088	2	0,176
	K8	0,136	2	0,272
	K9	0,081	2	0,162
	K10	0,068	2	0,136
	K11	0,129	2	0,258
			$\sum$:	2,161
			Wertigkeit $\sum / \sum$ideal:	0,723226238

Tabelle 20- Wertungsmatrix Flasche erkennen Lösung 2
eigene Darstellung

Projekt Flaschenöffner

| | Kriterium: | Gewichtung: | Lösung 3 | |
			Punkte:	Gewichtung x Pkt.
	K1	0,108	3	0,324
	K2	0,068	0	0
	K3	0,095	0	0
Flaschen erkennen	K4	0,061	3	0,183
	K5	0,081	3	0,243
	K6	0,081	0	0
	K7	0,088	1	0,088
	K8	0,136	1	0,136
	K9	0,081	1	0,081
	K10	0,068	1	0,068
	K11	0,129	1	0,129
			Σ:	1,252
			Wertigkeit Σ/ Σideal:	0,419009371

Tabelle 21- Wertungsmatrix Flasche erkennen Lösung 3
eigene Darstellung

8.3 Wertungsmatrix für Teilfunktion Flasche öffnen

	Kriterium:	Gewichtung:	Lösung 1	
			Punkte:	Gewichtung x Pkt.
	K1	0,108	3	0,324
	K2	0,068	1	0,068
	K3	0,095	1	0,095
Flaschen öffnen	K4	0,061	1	0,061
	K5	0,081	3	0,243
	K6	0,081	2	0,162
	K7	0,088	0	0
	K8	0,136	1	0,136
	K9	0,081	0	0
	K10	0,068	2	0,136
	K11	0,129	1	0,129
			Σ:	1,354
			Wertigkeit Σ/ Σideal:	0,453145917

Tabelle 22 - Wertungsmatrix Flasche öffnen Lösung 1
eigene Darstellung

Projekt Flaschenöffner

			Lösung 2	
Kriterium:	Gewichtung:	Punkte:	Gewichtung x Pkt.	
K1	0,108	3	0,324	
K2	0,068	0	0	
K3	0,095	0	0	
K4	0,061	1	0,061	
K5	0,081	3	0,243	
K6	0,081	0	0	
K7	0,088	1	0,088	
K8	0,136	0	0	
K9	0,081	2	0,162	
K10	0,068	1	0,068	
K11	0,129	2	0,258	
		Σ:	1,204	
		Wertigkeit Σ/ Σideal:	0,402945114	

Tabelle 23- Wertungsmatrix Flasche öffnen Lösung 2
eigene Darstellung

	Kriterium:	Gewichtung:	*Lösung 3*	
			Punkte:	Gewichtung x Pkt.
Flaschen öffnen	K1	0,108	0	0
	K2	0,068	2	0,136
	K3	0,095	2	0,19
	K4	0,061	0	0
	K5	0,081	0	0
	K6	0,081	1	0,081
	K7	0,088	2	0,176
	K8	0,136	3	0,408
	K9	0,081	3	0,243
	K10	0,068	0	0
	K11	0,129	0	0
			Σ:	1,234
			Wertigkeit Σ/ Σideal:	0,412985274

Tabelle 24- Wertungsmatrix Flasche öffnen Lösung 3
eigene Darstellung

Projekt Flaschenöffner

| | Kriterium: | Gewichtung: | Lösung 4 | |
			Punkte:	Gewichtung x Pkt.
	K1	0,108	1	0,108
	K2	0,068	3	0,204
	K3	0,095	3	0,285
Flaschen öffnen	K4	0,061	3	0,183
	K5	0,081	1	0,081
	K6	0,081	3	0,243
	K7	0,088	3	0,264
	K8	0,136	2	0,272
	K9	0,081	1	0,081
	K10	0,068	3	0,204
	K11	0,129	3	0,387
			Σ:	2,312
			Wertigkeit Σ/ Σideal:	0,773761714

Tabelle 25- Wertungsmatrix Flasche öffnen Lösung 4
eigene Darstellung

8.4 Wertungsmatrix für Teilfunktion Verschluss entsorgen

	Kriterium:	Gewichtung:	Lösung 1	
			Punkte:	Gewichtung x Pkt.
	K1	0,108	1	0,108
	K2	0,068	0	0
	K3	0,095	0	0
Verschluss entsorgen	K4	0,061	3	0,183
	K5	0,081	0	0
	K6	0,081	1	0,081
	K7	0,088	0	0
	K8	0,136	3	0,408
	K9	0,081	2	0,162
	K10	0,068	0	0
	K11	0,129	0	0
			Σ:	0,942
			Wertigkeit Σ / Σideal:	0,315261044

Tabelle 26- Wertungsmatrix Verschluss entsorgen Lösung 1
eigene Darstellung

Projekt Flaschenöffner

	Kriterium:	Gewichtung:	Lösung 2		
			Punkte:	Gewichtung x Pkt.	
	K1	0,108	3	0,324	
	K2	0,068	3	0,204	
Verschluss entsorgen	K3	0,095	3	0,285	
	K4	0,061	1	0,061	
	K5	0,081	3	0,243	
	K6	0,081	2	0,162	
	K7	0,088	3	0,264	
	K8	0,136	0	0	
	K9	0,081	3	0,243	
	K10	0,068	3	0,204	
	K11	0,129	1	0,129	
			Σ:	2,119	
			Wertigkeit Σ/ Σideal:	0,709170013	

Tabelle 27- Wertungsmatrix Verschluss entsorgen Lösung 2
eigene Darstellung

Projekt Flaschenöffner

	Kriterium:	Gewichtung:	Lösung 3	
			Punkte:	Gewichtung x Pkt.
Verschluss entsorgen	K1	0,108	2	0,216
	K2	0,068	2	0,136
	K3	0,095	1	0,095
	K4	0,061	2	0,122
	K5	0,081	2	0,162
	K6	0,081	3	0,243
	K7	0,088	1	0,088
	K8	0,136	2	0,272
	K9	0,081	1	0,081
	K10	0,068	1	0,068
	K11	0,129	3	0,387
			Σ:	1,87
			Wertigkeit Σ/ Σideal:	0,62583668

Tabelle 28- Wertungsmatrix Verschluss entsorgen Lösung 3
eigene Darstellung

Projekt Flaschenöffner

	Kriterium:	Gewichtung:	Lösung 4	
			Punkte:	Gewichtung x Pkt.
Verschluss entsorgen	K1	0,108	0	0
	K2	0,068	1	0,068
	K3	0,095	2	0,19
	K4	0,061	0	0
	K5	0,081	1	0,081
	K6	0,081	0	0
	K7	0,088	2	0,176
	K8	0,136	1	0,136
	K9	0,081	0	0
	K10	0,068	2	0,136
	K11	0,129	2	0,258
			Σ:	1,045
			Wertigkeit Σ/ Σideal:	0,349732262

Tabelle 29- Wertungsmatrix Verschluss entsorgen Lösung 4
eigene Darstellung

8.5 Wertungsmatrix für Teilfunktion Kiste ausfördern

| | Kriterium: | Gewichtung: | Lösung 1 | |
			Punkte:	Gewichtung x Pkt.
Kiste ausfördern	K1	0,108	2	0,216
	K2	0,068	2	0,136
	K3	0,095	2	0,19
	K4	0,061	2	0,122
	K5	0,081	1	0,081
	K6	0,081	1	0,081
	K7	0,088	2	0,176
	K8	0,136	0	0
	K9	0,081	1	0,081
	K10	0,068	2	0,136
	K11	0,129	3	0,387
			Σ:	1,606
			Wertigkeit Σ/ Σideal:	0,537483266

Tabelle 30- Wertungsmatrix Kiste ausfördern Lösung 1
eigene Darstellung

Projekt Flaschenöffner

	Kriterium:	Gewichtung:	Lösung 2		
			Punkte:	Gewichtung x Pkt.	
Kiste ausfördern	K1	0,108	2	0,216	
	K2	0,068	2	0,136	
	K3	0,095	1	0,095	
	K4	0,061	1	0,061	
	K5	0,081	2	0,162	
	K6	0,081	2	0,162	
	K7	0,088	1	0,088	
	K8	0,136	2	0,272	
	K9	0,081	2	0,162	
	K10	0,068	1	0,068	
	K11	0,129	2	0,258	
			Σ:	1,68	
			Wertigkeit Σ / Σideal:	0,562248996	

Tabelle 31- Wertungsmatrix Verschluss entsorgen Lösung 2
eigene Darstellung

Projekt Flaschenöffner

| | Kriterium: | Gewichtung: | Lösung 3 | |
			Punkte:	Gewichtung x Pkt.
Kiste ausfördern	K1	0,108	0	0
	K2	0,068	0	0
	K3	0,095	0	0
	K4	0,061	0	0
	K5	0,081	0	0
	K6	0,081	0	0
	K7	0,088	0	0
	K8	0,136	1	0,136
	K9	0,081	2	0,162
	K10	0,068	0	0
	K11	0,129	0	0
			Σ:	0,298
			Wertigkeit Σ/ Σideal:	0,099732262

Tabelle 32- Wertungsmatrix Verschluss entsorgen Lösung 3
eigene Darstellung

Projekt Flaschenöffner

| | Kriterium: | Gewichtung: | Lösung 4 | |
			Punkte:	Gewichtung x Pkt.
Kiste ausfördern	K1	0,108	3	0,324
	K2	0,068	1	0,068
	K3	0,095	3	0,285
	K4	0,061	3	0,183
	K5	0,081	3	0,243
	K6	0,081	3	0,243
	K7	0,088	3	0,264
	K8	0,136	3	0,408
	K9	0,081	3	0,243
	K10	0,068	3	0,204
	K11	0,129	1	0,129
			Σ:	2,594
			Wertigkeit Σ/ Σideal:	0,868139224

Tabelle 33- Wertungsmatrix Verschluss entsorgen Lösung 4
eigene Darstellung

Aus den Einzelbewertungen ergibt sich für den morphologischen Kasten folgende Bewertung:

Projekt Flaschenöffner

Teilfunktionen	Lösung 1	Lösung 2	Lösung 3	Lösung 4
Kiste bereitstellen				
Verschluss erkennen				
Flaschen öffnen				
Verschluss entsorgen				
Kiste in Griffhöhe ausgeben				

Tabelle 34 - endgültig bewerteter morphologischer Kasten
eigene Darstellung

9 Die Black Box

Im folgenden Abschnitt wird das zu erstellende System bezüglich seiner Einordnung durch das Black Box Verfahren systematisiert. Es ist erforderlich das System, anhand der bereits erarbeiteten Teilsysteme, auf zuteilen, so dass die Teilsysteme bezüglich ihrer Stoff-, Energie- und Informationsumsätze analysiert werden können.

Zudem wird durch die Aufteilung des Systems in Teilsysteme eine rationale Aufgabenteilung ermöglicht. Diese Teilaufgaben basieren auf den zur Verfügung gestellten Schnittstellen, wie Stoff-, Energie- und Informationseingangsgrößen. Diese Schnittstellen sind erforderlich, um das Zusammenfügen der Teilsysteme zu einem Gesamtsystem zu ermöglichen, ohne eine Transformierung der Ausgangsgrößen durchzuführen.

9.1 Die Black Box des Gesamtsystems

Abbildung 1 - Blackbox Gesamtsystem
eigene Darstellung

Eingang:

- Stoff: Getränkekiste mit verschlossenen Flaschen
- Energie: 230 V, 6A, Druckluft 8 bar
- Information: Startsignal

Ausgang:

- Stoff: Getränkekiste mit geöffneten Flaschen, Schraubverschlüsse, Kronkorken
- Energie: Blindleistung, Abluft, Wärme
- Information: Stoppsignal, Fehlermeldung

9.2 Aufteilung in Teilsysteme

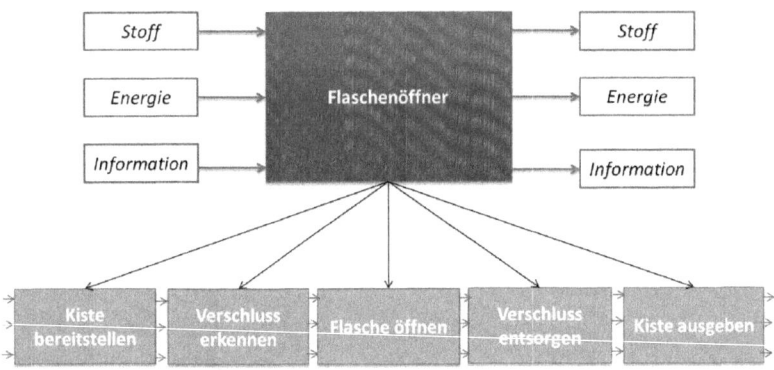

Abbildung 2 - Aufteilung in Teilsysteme
eigene Darstellung

Jedes Teilsystem besteht wiederum aus einer eigenständigen Black Box mit den typischen Eingängen, Stoff, Information und Energie. Die Teilsysteme sind als zusammenhängende Einheit zu verstehen, in der der Ausgang des vorherigen dem Eingang des folgenden entspricht. Aus diesem Umstand ergeben sich die Schnittstellen der Teilsysteme, als eine Folge von Stoff-, Informations- und Energieflüssen durch das Gesamtsystem.

9.2.1 Blackbox des Teilsystems Kiste bereitstellen

Abbildung 3 - Blackbox Kiste bereitstellen
eigene Darstellung

Eingang:

- *Stoff:*   Getränkekiste mit verschlossenen Flaschen
- *Energie:*   230 V, 6 A, Druckluft 8 bar
- *Information:* Startsignal

Eingangsschnittstellen:

- *Stoff:*   Einlauf in einer Höhe von 1000 mm
- *Energie:*   Zuführung über Kabel IP 44 und Pneumatik Schlauch
- *Information:* manueller Taster 24 V

Ausgang:

- *Stoff:*   Getränkekiste mit verschlossenen Flaschen
- *Energie:*   Blindleistung, Abluft, Wärme
- *Information:* Signal (Kiste in Position)

Ausgangsschnittstellen:

- *Stoff:*   Einlauf in einer Höhe von 1000 mm
- *Energie:*   Abgabe in Form von Wärme und Volumenstrom in die Atmosphäre
- *Information:* Kabel IP 44 mit Steckverbinder

9.2.2 Blackbox des Teilsystems Verschluss erkennen

Abbildung 4 - Black Box Verschluss erkennen
eigene Darstellung

Eingang:

- *Stoff:*   Getränkekiste mit verschlossenen Flaschen
- *Energie:*   230 V, 6 A, Druckluft 8 bar
- *Information:*   Signal (Kiste in Position)

Eingangsschnittstellen:

- *Stoff:*   Einlauf in einer Höhe von 1000 mm
- *Energie:*   Zuführung über Kabel IP 44 und Pneumatik Schlauch
- *Information:*   3D Lasersensor IFM O3D200, 24 V

Ausgang:

- *Stoff:*   Getränkekiste mit verschlossenen Flaschen
- *Energie:*   Blindleistung, Abluft, Wärme
- *Information:*   Signal (Kronkorken oder Schraubverschluss)
                       Signal (Position der Flaschen in X-, Y-, Z-Richtung)

Ausgangsschnittstellen:

- *Stoff:*   Einlauf in einer Höhe von 1000 mm
- *Energie:*   Abgabe in Form von Wärme und Volumenstrom in die Atmosphäre

- *Information:* Kabel IP 44 mit Steckverbinder

9.2.3 Blackbox des Teilsystems Flasche öffnen

Abbildung 5 - Black Box Flasche öffnen
eigene Darstellung

Eingang:

- *Stoff:*   Getränkekiste mit verschlossenen Flaschen
- *Energie:*   230 V, 6 A, Druckluft 8 bar
- *Information:*   Signal (Kronkorken oder Schraubverschluss)

                        Signal (Position der Flaschen in X-, Y-, Z-Richtung)

Eingangsschnittstellen:

- *Stoff:*   Einlauf in einer Höhe von 1000 mm
- *Energie:*   Zuführung über Kabel IP 44 und Pneumatik Schlauch
- *Information:*   3D Lasersensor IFM O3D200, 24 V

Ausgang:

- *Stoff:*   Getränkekiste mit geöffneten Flaschen, Verschlüsse
- *Energie:*   Blindleistung, Abluft, Wärme
- *Information:*   Signal (Flasche geöffnet)

Ausgangsschnittstellen:

- *Stoff:*   Einlauf in einer Höhe von 1000 mm
- *Energie:*   Abgabe in Form von Wärme und Volumenstrom in die Atmosphäre
- *Information:*   Kabel IP 44 mit Steckverbinder

9.2.4 Blackbox des Teilsystems Verschluss entsorgen

Abbildung 6 - Black Box Verschluss entsorgen
eigene Darstellung

Eingang:

- *Stoff:*   Verschlüsse
- *Energie:*   230 V, 6 A, Druckluft 8 bar
- *Information:*   Signal (Flasche geöffnet)

Eingangsschnittstellen:

- *Stoff:*   Abnahmeposition 1500 mm
- *Energie:*   Zuführung über Kabel IP 44 und Pneumatik Schlauch
- *Information:*   3D Lasersensor IFM O3D200, 24 V

Ausgang:

- *Stoff:*   Verschlüsse
- *Energie:*   Blindleistung, Abluft, Wärme
- *Information:*   Signal (Entsorgung beendet)

Ausgangsschnittstellen:

- *Stoff:*   Höhe Sammelbehältnis 1000 mm
- *Energie:*   Abgabe in Form von Wärme und Volumenstrom in die Atmosphäre

- *Information:* Kabel IP 44 mit Steckverbinder

9.2.5 Blackbox des Teilsystems Kiste ausgeben

Abbildung 7 - Black Box Kiste ausgeben
eigene Darstellung

Eingang:

- *Stoff:*   geöffnete Getränkekiste
- *Energie:*   230 V, 6 A, Druckluft 8 bar
- *Information:* Signal (Entsorgung beendet)

Eingangsschnittstellen:

- *Stoff:*   Einlauf in einer Höhe von 1000 mm
- *Energie:*   Zuführung über Kabel IP 44 und Pneumatik Schlauch
- *Information:* Drehgeber

Ausgang:

- *Stoff:*   geöffnete Getränkekiste
- *Energie:*   Blindleistung, Abluft, Wärme
- *Information:* Signal (Prozess beendet)

Ausgangsschnittstellen:

- *Stoff:*   Einlauf in einer Höhe von 1000 mm
- *Energie:*   Abgabe in Form von Wärme und Volumenstrom in die Atmosphäre
- *Information:* Kabel IP 44 mit Steckverbinder

9.3 Aufgabenverteilung

Aufgrund der Tatsache, dass die Teilfunktionen nun bestimmt, sowie die Schnittstellen definiert sind, ist es im folgenden Schritt erforderlich, die Teilaufgaben auf die Mitarbeiter zu verteilen. Im aktuellen Projekt stehen folgende Personen zur Verfügung:

- Kamin, Florian
- Wegmann, Dirk
- Klaas, Mike

Zum Gruppenleiter ist Herr Kamin bestimmt worden. Er trägt die Verantwortung für die termingerechte Abgabe des Projektes, sowie für die Gesamtdurchführung und somit dem Gelingen des Projektes.

Es empfiehlt sich, die Teilaufgaben nach Eignung auf die Mitarbeiter zu verteilen, so ergibt sich für das Projekt Flaschenöffner folgende Einteilung.

9.3.1 Feineinteilung

Die Feineinteilung in die Teilfunktionen, sowie die Gesamtverantwortung sind in folgendem Diagramm grafisch dargestellt. Die Einfärbung symbolisiert den zuständigen Mitarbeiter. Unterhalb des Diagramms finden Sie die entsprechende Legende.

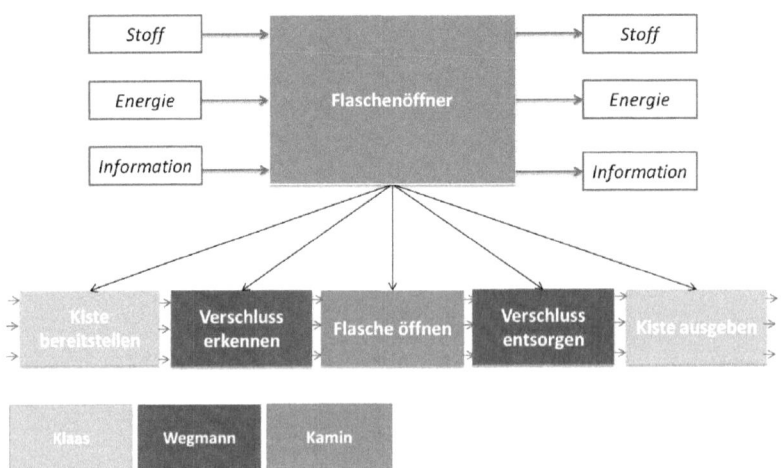

Abbildung 8 - Organigramm
eigene Darstellung

10 Kombination der Teillösungen

Die Kombination der Teillösungen mündet in nachfolgender Entwurfsskizze und stellt die Grundlage für die weitere konstruktive Ausarbeitung der Aufgabe dar.

10.1 Entwurfsskizze

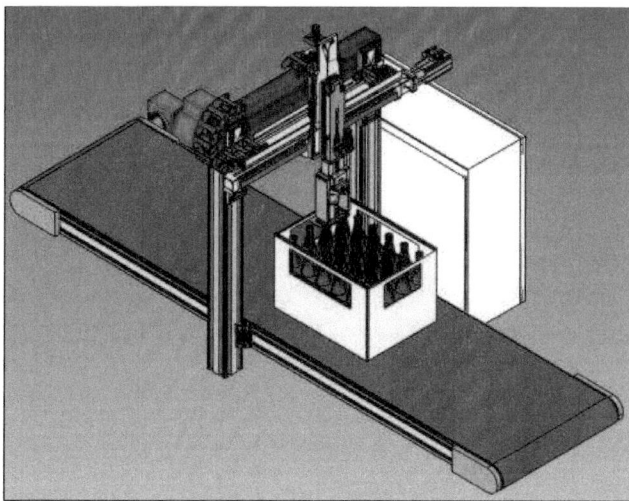

Abbildung 9 - Entwurfsskizze
eigene Darstellung

11 Funktionsbeschreibung

Im nun folgenden Teil der Projektierung wird eine bebilderte Funktionsbeschreibung der zu erstellenden Maschine, auf der Basis der erstellten technischen Dokumentationen gegeben. Die Maschine erfüllt die CE Konformität und entspricht auch sonst den technischen Richtlinien und technischen Regeln zur Betriebssicherheit elektrisch angetriebener Maschinen.

Des Weiteren entspricht die Anlage den gängigen UVV Bestimmungen der BG Großhandel und Lagerei.

Ich möchte nochmals explizit darauf hinweisen, dass die Ihnen vorliegende Dokumentation, respektive die Ausführung der Planung, nach bestem Wissen und Gewissen durchgeführt wurde.

11.1 Initialisierungsschritt

Um die Anlage in Betrieb zu nehmen ist ein umfassender Intialisierungsschritt notwendig.

Zu Erst ist die Maschine mit Druckluft zu beaufschlagen, welche einen maximalen Druck von 8 bar nicht übersteigen darf. Sollte dies der Fall sein, so verhindert ein an die SPS, Siemens S7, angeschlossener Druckschalter die Initialisierung der speicherprogrammierbaren Steuerung. Des Weiteren muss einen Spannungsversorgung von 400 V hergestellt sein, welche wiederum mittels eines Fehlstromschutzschalters überwacht wird. Diese Schutzmechanismen sind notwendig, um den Bediener vor nicht sichtbaren Fehlfunktionen des Systems zu schützen.

Im nachfolgenden Schritt ist es erforderlich alle sekundären Schutzmechanismen manuell in die jeweilige Grundstellung zu bringen. Hierzu ist der Not-Aus Schalter zu entriegeln, sowie der Türschalter zu verriegeln.

Projekt Flaschenöffner

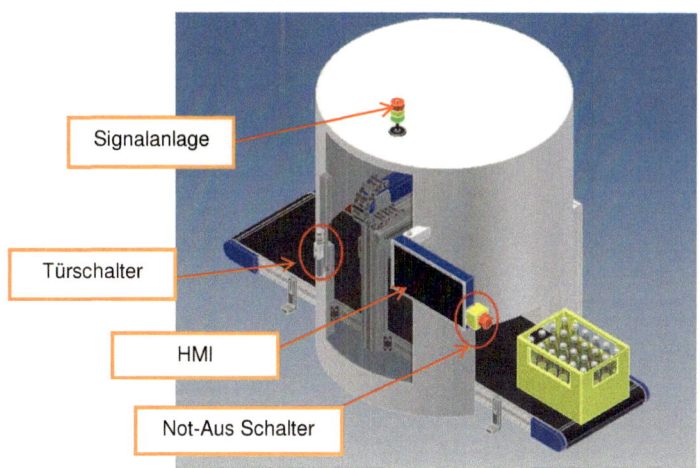

Abbildung 10
eigene Darstellung

Sollten diese Schutzeinrichtung sich nicht in ihrer Grundstellung befinden, so lässt die SPS eine Initialisierung nicht zu. Dies äußert sich durch eine Fehlermeldung im HMI[1], sowie mittels optischem Farbimpuls, mittels Signalanlage. Sind diese Maßnahmen vollzogen, so bewegt sich das Portal in seine Grundstellung, welche über einen optischen Sensor softwareseitig, sowie ein mechanischer Schalter hardwareseitig überwacht wird. Dieser Schritt wird durch die Betätigung eines Buttons, welcher auf dem HMI erscheint gestartet. Der Schritt wird nur solange ausgeführt, wie der Button betätigt wird. Sollte sich das Portal aufgrund einer Fehlfunktion über den befahrbaren Bereich hinaus bewegen, nimmt die SPS diese Störung wahr und sichert das Portal durch Abschaltung vor einer Zerstörung, bzw. einer Gefährdung des Bedieners. Um zu verhindern, dass Körperteile durch die Öffnung der Haube gesteckt werden, während sich das Portal bewegt, sichert der 3d Sensor diesen Bereich ab. Sollte der 3d Sensor eine Bewegung ermitteln, welche nicht dem ausführenden Schritt zugeordnet ist, wird das Portal umgehend gestoppt und eine Fehlermeldung auf dem HMI ausgegeben, sowie optisch mittels Lichtimpuls über die Signalanlage angezeigt. In der Abbildung 11 erkennen Sie die Lage des 3d Sensors, sowie dessen Abtastbereich

---

[1] Human Maschine Interface

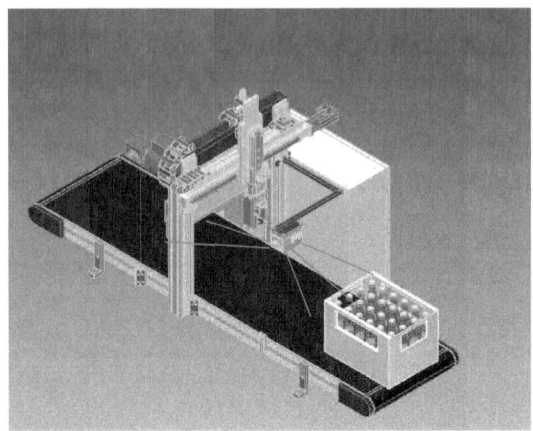

Abbildung 11
eigene Darstellung

11.2 Öffnungsalgorithmus

Sofern der Intialisierungsschritt erfolgreich war, ist es nun möglich den Öffnungsalgorithmus zu starten. Um diesen Schritt zu starten ist es erforderlich die SPS, mittels Betätigung der Entsprechenden Funktion auf dem HMI, in diesen Programmablauf zu bringen. Die Sicherheitseinrichtungen müssen sich hierfür in ihrer Grundstellung befinden. Das bedeutet, dass der Türschalter geschlossen sein muss und der Not-Aus unbestätigt ist. Des Weiteren dürfen die Versorgungsmedien ihre Grenzwerte nicht überschreiten.

Der Öffnungsalgorithmus setzt das Förderband, auf welchem sich die Getränkekiste befindet in Bewegung. Erreicht die Kiste den Abtastbereich des 3d Sensors, so nimmt dieser ein Höhenprofil der Kiste auf und gleicht dieses mit eingespeicherten Höhenprofilen mittels einer bildverabeitenden Software ab. Diese Software erkennt die Positionen der einzelnen Flaschen in allen Raumrichtungen und übersetzt diese Information zur SPS. Die SPS stellt anhand der übergebenen Parameter die Aktuatoren, welche am Prozess beteiligt sind. Die Software ist in der Lage die Art des Verschlusses, Schraubverschluss oder Kronkorken, zu erkennen und somit der SPS, welche sich im Parallelbetrieb befindet, den korrekten Ablaufstrang zu zuweisen. Die SPS sowie die bildverarbeitende Software laufen als Windowsapplikation auf dem HMI, welches eine Industrie Pc Lösung der Firma Siemens darstellt. Somit ist die SPS als Softsps ausgelegt und erlaubt so die strukturorientierte Übergabe der Parameter mittels Programmiersprache C++.

Erreicht die Kiste die Linie des Greifers, so wird das Förderbund gestoppt und der Greifer fährt mittels Flächenportal DHSL der Firma Festo die entsprechenden Positionen an. Der Greifer wird über die Flasche geführt in gesenkt Z-Richtung, solange bis die Ist Position der

Z-Achse mit der Sollposition der Software übereinstimmt. Ist dieser der Fall, so umschließen die Greifarme den Flaschenverschluss. Die Flasche wird durch die Torsionsstütze umschlossen und durch das Tellerfederpaket, welches durch die Bewegung in Z-Richtung vorgespannt wurde, in ihrer Position gehalten.

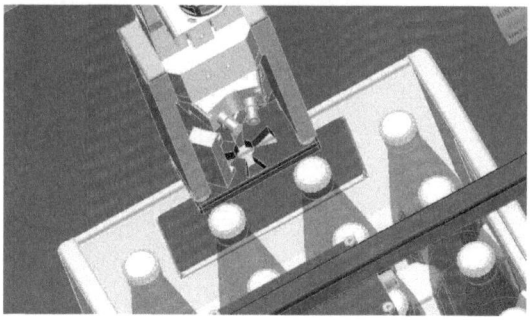

Abbildung 12
eigene Darstellung

Anschließend wird der Verschluss je nach Art geöffnet. Handelt es sich um einen Kronkorken, so werden die Greifarme unterhalb des Kronkorkens positioniert und mittels Bewegung in Z-Richtung entfernen diese den Kronkorken. Die Torsionsstütze gleicht hierbei die Bewegung in Z-Richtung aus und hält die Flasche in ihrer ursprünglichen Position.

Handelt es sich um einen Schraubverschluss, so umfassen die Greifarme den Schraubverschluss und drehen diesen auf. Dieses Aufdrehen geschieht durch eine Relativbewegung in Z-Richtung sowie einer gleichzeitigen Torsion um die z-Achse. Für diese Bewegung ist das Handhabungssystem der Firma Festo mit einem Torquemotor ausgerüstet, welcher eine Torsion um Z-Achse ermöglicht. Dieser Torquemotor ist als Synchron-Servomotor ausgeführt, sodass volles Drehmoment in allen Drehzahlstellbereichen zur Verfügung steht. Ist der Verschluss geöffnet fährt die Anlage die nächste Flaschenposition an. Dies geschieht durch die Bewegung in X-Richtung mittels Förderband, bzw. in Y-Richtung mittels Flächenportal.

11.2.1 Deckel entsorgen

Um den entfernten Deckel zu entsorgen wird der Volumenstrom der Abluft des Greifers benutzt. Beim Öffnen der Greifarme, wird der Abluftstrom so umgelenkt, dass dieser den Kronkorken in Richtung des Auffangbehältnisses befördert. Hierbei wird das physikalische Prinzip des Staudrucks ausgenutzt, welches mit Hilfe der Strömungsmechanik hergeleitet werden kann. Die Deckel befinden sich daher unmittelbar nach dem Öffnen im Auffangbehältnis.

Abbildung 13
eigene Darstellung

11.3 Ausschleusung

Sind alle Flaschen der Kiste geöffnet, so beginnt die Ausschleusung. Hierzu bewegt sich das Portal in seine Grundstellung und das Förderband befördert die Kiste in seine Endposition. Diese Position ist bekannt aufgrund der Wegänderung über die Zeit, welche per Differentialgleichung aus den Werten des 3d Sensors und des inkrementalem Messsystem des Förderbandmotors resultieren.

Ist der Vorgang abgeschlossen, so meldet dies die Maschine mittels HMI und Signalanlage.

11.4 Sicherheitsrelevante Maßnahmen

Um eine Gefährdung des Bedieners sowie der Struktur der Maschine zu entgehen, sind in der Anlage einige Sicherheitsebenen vorhanden. Im nachfolgenden Diagramm sind diese, in Ebenen eingeteilt, visualisiert.

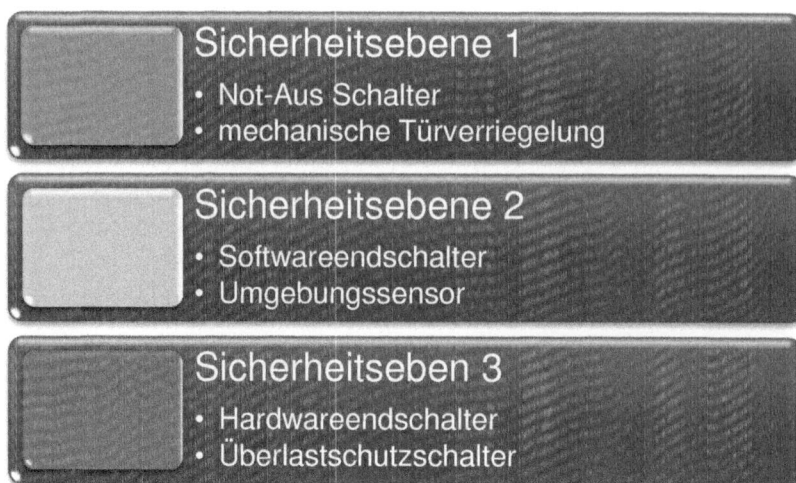

Sicherheitsebene 1
- Not-Aus Schalter
- mechanische Türverriegelung

Sicherheitsebene 2
- Softwareendschalter
- Umgebungssensor

Sicherheitseben 3
- Hardwareendschalter
- Überlastschutzschalter

eigene Darstellung

Abbildungsverzeichnis

Projekt Flaschenöffner